*Die Offenbarung
des Johannes
aus dem Neuen Testament*

*

Abschluss der Bibel

*

Die Offenbarung des Johannes

*Visionen des
auf die Insel Patmos verbannten
Christen Johannes
über die Endzeit*

*Übersetzung nach
Martin Luther 1545*

Bibliografische Information der Deutschen Nationalbibliothek:
Die Deutsche Nationalbibliothek verzeichnet diese Publikation in der Deutschen Nationalbibliografie; detaillierte bibliografische Daten sind im Internet über http://dnb.dnb.de abrufbar.

TWENTYSIX
Eine Marke der Books on Demand GmbH

© *2021, Antonia Katharina Tessnow*

Herstellung und Verlag:
BoD – Books on Demand, Norderstedt

ISBN: 978-3-740-76736-5

Übersetzung: **Martin Luther 1545**

Layout, Schriftsatz, Formatierung:
Antonia Katharina Tessnow
www.antonia-katharina.de

1. Kapitel

Eingang und Gruß. Erscheinung des verklärten Menschensohnes. Geheimnis der sieben Sterne und Leuchter.

1 Dies ist die Offenbarung Jesu Christi, die ihm Gott gegeben hat, seinen Knechten zu zeigen, was in der Kürze geschehen soll; und er hat sie gedeutet und gesandt durch seinen Engel zu seinem Knecht Johannes,

2 der bezeugt hat das Wort Gottes und das Zeugnis von Jesu Christo, was er gesehen hat.

3 Selig ist, der da liest und die da hören die Worte der Weissagung und behalten, was darin geschrieben ist; denn die Zeit ist nahe.

4 Johannes den sieben Gemeinden in Asien: Gnade sei mit euch und Friede von dem, der da ist und der da war und der da kommt, und von den sieben Geistern, die da sind vor seinem Stuhl,

5 und von Jesu Christo, welcher ist der

treue Zeuge und Erstgeborene von den Toten und der Fürst der Könige auf Erden! Der uns geliebt hat und gewaschen von den Sünden mit seinem Blut

6 und hat uns zu Königen und Priestern gemacht vor Gott und seinem Vater, dem sei Ehre und Gewalt von Ewigkeit zu Ewigkeit! Amen.

7 Siehe, er kommt mit den Wolken, und es werden ihn sehen alle Augen und die ihn zerstochen haben; und werden heulen alle Geschlechter auf der Erde. Ja, amen.

8 Ich bin das A und das O, der Anfang und das Ende, spricht Gott der HERR, der da ist und der da war und der da kommt, der Allmächtige.

9 Ich, Johannes, der auch euer Bruder und Mitgenosse an der Trübsal ist und am Reich und an der Geduld Jesu Christi, war auf der Insel, die da heißt Patmos, um des Wortes Gottes willen und des Zeugnisses Jesu Christi.

10 Ich war im Geist an des HERRN Tag und hörte hinter mir eine große Stimme wie einer Posaune,

11 die sprach: Ich bin das A und das O, der Erste und der Letzte; und was du siehst, das schreibe in ein Buch und sende es zu den Gemeinden in Asien: gen Ephesus und gen Smyrna und gen Pergamus und gen Thyatira und gen Sardes und gen Philadelphia und gen Laodizea.

12 Und ich wandte mich um, zu sehen nach der Stimme, die mit mir redete. Und als ich mich umwandte sah ich sieben goldene Leuchter

13 und mitten unter die sieben Leuchtern einen, der war eines Menschen Sohne gleich, der war angetan mit einem langen Gewand und begürtet um die Brust mit einem goldenen Gürtel.

14 Sein Haupt aber und sein Haar war weiß wie weiße Wolle, wie der Schnee, und seine Augen wie eine Feuerflamme

15 und seine Füße gleichwie Messing, das im Ofen glüht, und seine Stimme wie großes Wasserrauschen;

16 und er hatte sieben Sterne in seiner rechten Hand, und aus seinem Munde ging ein scharfes, zweischneidiges Schwert, und sein Angesicht leuchtete

wie die helle Sonne.

17 Und als ich ihn sah, fiel ich zu seinen Füßen wie ein Toter; und er legte seine rechte Hand auf mich und sprach zu mir: Fürchte dich nicht! Ich bin der Erste und der Letzte

18 und der Lebendige; ich war tot, und siehe, ich bin lebendig von Ewigkeit zu Ewigkeit und habe die Schlüssel der Hölle und des Todes. (A + B)

19 Schreibe, was du gesehen hast, und was da ist, und was geschehen soll darnach.

20 Das Geheimnis der sieben Sterne, die du gesehen hast in meiner rechten Hand, und die sieben goldenen Leuchter: die sieben Sterne sind Engel der sieben Gemeinden; und die sieben Leuchter, die du gesehen hast, sind sieben Gemeinden.

2. Kapitel

Sendschreiben Christi an die Vorsteher und Gemeinden zu Ephesus, Smyrna, Pegamus und Thyatira.

1 Dem Engel der Gemeinde zu Ephesus schreibe: Das sagt, der da hält die sieben Sterne in seiner Rechten, der da wandelt mitten unter den sieben goldenen Leuchtern:

2 Ich weiß deine Werke und deine Arbeit und deine Geduld und daß du die Bösen nicht tragen kannst; und hast versucht die, so da sagen, sie seien Apostel, und sind's nicht, und hast sie als Lügner erfunden;

3 und verträgst und hast Geduld, und um meines Namens willen arbeitest du und bist nicht müde geworden.

4 Aber ich habe wider dich, daß du die erste Liebe verlässest.

5 Gedenke, wovon du gefallen bist, und tue Buße und tue die ersten Werke. Wo aber nicht, werde ich dir bald kommen und deinen Leuchter wegstoßen von seiner Stätte, wo du nicht Buße tust.

6 Aber das hast du, daß du die Werke der Nikolaiten hassest, welche ich auch hasse.

7 Wer Ohren hat, der höre, was der Geist den Gemeinden sagt: Wer überwindet, dem will ich zu essen geben vom Holz des Lebens, das im Paradies Gottes ist.

8 Und dem Engel der Gemeinde zu Smyrna schreibe: das sagt der Erste und der Letzte, der tot war und ist lebendig geworden:

9 Ich weiß deine Werke und deine Trübsal und deine Armut (du bist aber reich) und die Lästerung von denen, die da sagen, sie seien Juden, und sind's nicht, sondern sind des Satans Schule.

10 Fürchte dich vor der keinem, das du leiden wirst! Siehe, der Teufel wird etliche von euch ins Gefängnis werfen, auf daß ihr versucht werdet, und werdet Trübsal haben zehn Tage. Sei getrost bis an den Tod, so will ich dir die Krone des Lebens geben.

11 Wer Ohren hat, der höre, was der Geist den Gemeinden sagt: Wer überwindet, dem soll kein Leid

geschehen von dem andern Tode.

12 Und dem Engel der Gemeinde zu Pergamus schreibe: Das sagt, der da hat das scharfe, zweischneidige Schwert:

13 Ich weiß, was du tust und wo du wohnst, da des Satans Stuhl ist; und hältst an meinem Namen und hast meinen Glauben nicht verleugnet auch in den Tagen, in welchen Antipas, mein treuer Zeuge, bei euch getötet ist, da der Satan wohnt.

14 Aber ich habe ein Kleines wider dich, daß du daselbst hast, die an der Lehre Bileams halten, welcher lehrte den Balak ein Ärgernis aufrichten vor den Kindern Israel, zu essen Götzenopfer und Hurerei zu treiben.

15 Also hast du auch, die an der Lehre der Nikolaiten halten: das hasse ich.

16 Tue Buße; wo aber nicht, so werde ich dir bald kommen und mit ihnen kriegen durch das Schwert meines Mundes.

17 Wer Ohren hat, der höre, was der Geist den Gemeinden sagt: Wer überwindet, dem will ich zu essen geben von dem verborgenen Manna und will

ihm geben einen weißen Stein und auf den Stein einen neuen Namen geschrieben, welchen niemand kennt, denn der ihn empfängt.

18 Und dem Engel der Gemeinde zu Thyatira schreibe: Das sagt der Sohn Gottes, der Augen hat wie Feuerflammen, und seine Füße sind gleichwie Messing:

19 Ich weiß deine Werke und deine Liebe und deinen Dienst und deinen Glauben und deine Geduld und daß du je länger, je mehr tust.

20 Aber ich habe wider dich, daß du lässest das Weib Isebel, die da spricht, sie sei eine Prophetin, lehren und verführen meine Knechte, Hurerei zu treiben und Götzenopfer zu essen.

21 Und ich habe ihr Zeit gegeben, daß sie sollte Buße tun für ihre Hurerei; und sie tut nicht Buße.

22 Siehe, ich werfe sie in ein Bett, und die mit ihr die Ehe gebrochen haben, in große Trübsal, wo sie nicht Buße tun für ihre Werke,

23 und ihre Kinder will ich zu Tode schlagen. Und alle Gemeinden sollen erkennen, daß ich es bin, der die Nieren

und Herzen erforscht; und ich werde geben einem jeglichen unter euch nach euren Werken.

24 Euch aber sage ich, den andern, die zu Thyatira sind, die nicht haben solche Lehre und die nicht erkannt haben die Tiefen des Satans (wie sie sagen): Ich will nicht auf euch werfen eine andere Last:

25 doch was ihr habt, das haltet, bis daß ich komme.

26 Und wer da überwindet und hält meine Werke bis ans Ende, dem will ich Macht geben über die Heiden,

27 und er soll sie weiden mit einem eisernen Stabe, und wie eines Töpfers Gefäße soll er sie zerschmeißen,

28 wie ich von meinem Vater empfangen habe; und ich will ihm geben den Morgenstern.

29 Wer Ohren hat, der höre, was der Geist den Gemeinden sagt!

3. Kapitel

*Sendschreiben Christi an die Vorsteher
und Gemeinden zu Sardes,
Philadelphia und Laodizea*

1 Und dem Engel der Gemeinde zu Sardes schreibe: Das sagt, der die sieben Geister Gottes hat und die sieben Sterne: Ich weiß deine Werke; denn du hast den Namen, daß du lebest, und bist tot.

2 Werde wach und stärke das andere, das sterben will; denn ich habe deine Werke nicht völlig erfunden vor Gott.

3 So gedenke nun, wie du empfangen und gehört hast, und halte es und tue Buße. So du nicht wirst wachen, werde ich über dich kommen wie ein Dieb, und wirst nicht wissen, welche Stunde ich über dich kommen werde.

4 Aber du hast etliche Namen zu Sardes, die nicht ihre Kleider besudelt haben; und sie werden mit mir wandeln in weißen Kleidern, denn sie sind's wert.

5 Wer überwindet soll mit weißen Kleidern angetan werden, und ich werde seinen Namen nicht austilgen aus dem

Buch des Lebens, und ich will seinen Namen bekennen vor meinem Vater und vor seinen Engeln.

6 Wer Ohren hat, der höre, was der Geist den Gemeinden sagt!

7 Und dem Engel der Gemeinde zu Philadelphia schreibe: Das sagt der Heilige, der Wahrhaftige, der da hat den Schlüssel Davids, der auftut, und niemand schließt zu, der zuschließt, und niemand tut auf:

8 Ich weiß deine Werke. Siehe, ich habe vor dir gegeben eine offene Tür, und niemand kann sie zuschließen; denn du hast eine kleine Kraft, und hast mein Wort behalten und hast meinen Namen nicht verleugnet.

9 Siehe, ich werde geben aus des Satanas Schule, die da sagen, sie seien Juden, und sind's nicht, sondern lügen; siehe, ich will sie dazu bringen, daß sie kommen sollen und niederfallen zu deinen Füßen und erkennen, daß ich dich geliebt habe.

10 Dieweil du hast bewahrt das Wort meiner Geduld, will ich auch dich bewahren vor der Stunde der

Versuchung, die kommen wird über den ganzen Weltkreis, zu versuchen, die da wohnen auf Erden.

11 Siehe, ich komme bald; halte, was du hast, daß niemand deine Krone nehme!

12 Wer überwindet, den will ich machen zum Pfeiler in dem Tempel meines Gottes, und er soll nicht mehr hinausgehen; und will auf ihn schreiben den Namen meines Gottes und den Namen des neuen Jerusalem, der Stadt meines Gottes, die vom Himmel herniederkommt von meinem Gott, und meinen Namen, den neuen.

13 Wer Ohren hat, der höre, was der Geist den Gemeinden sagt!

14 Und dem Engel der Gemeinde zu Laodizea schreibe: Das sagt, der Amen heißt, der treue und wahrhaftige Zeuge, der Anfang der Kreatur Gottes:

15 Ich weiß deine Werke, daß du weder kalt noch warm bist. Ach, daß du kalt oder warm wärest!

16 Weil du aber lau bist und weder kalt noch warm, werde ich dich ausspeien aus meinem Munde.

17 Du sprichst: Ich bin reich und habe

gar satt und bedarf nichts! und weißt nicht, daß du bist elend und jämmerlich, arm, blind und bloß.

18 Ich rate dir, daß du Gold von mir kaufest, das mit Feuer durchläutert ist, daß du reich werdest, und weiße Kleider, daß du dich antust und nicht offenbart werde die Schande deiner Blöße; und salbe deine Augen mit Augensalbe, daß du sehen mögest.

19 Welche ich liebhabe, die strafe und züchtige ich. So sei nun fleißig und tue Buße!

20 Siehe, ich stehe vor der Tür und klopfe an. So jemand meine Stimme hören wird und die Tür auftun, zu dem werde ich eingehen und das Abendmahl mit ihm halten und er mit mir.

21 Wer überwindet, dem will ich geben, mit mir auf meinem Stuhl zu sitzen, wie ich überwunden habe und mich gesetzt mit meinem Vater auf seinen Stuhl.

22 Wer Ohren hat, der höre, was der Geist den Gemeinden sagt!

4. Kapitel

Offenbarung der Majestät Gottes und die feierliche Anbetung vor seinem Throne.

1 Darnach sah ich, und siehe, eine Tür war aufgetan im Himmel; und die erste Stimme, die ich gehört hatte mit mir reden wie eine Posaune, die sprach: Steig her, ich will dir zeigen, was nach diesem geschehen soll.

2 Und alsobald war ich im Geist. Und siehe, ein Stuhl war gesetzt im Himmel, und auf dem Stuhl saß einer;

3 und der dasaß, war gleich anzusehen wie der Stein Jaspis und Sarder; und ein Regenbogen war um den Stuhl, gleich anzusehen wie ein Smaragd.

4 Und um den Stuhl waren vierundzwanzig Stühle, und auf den Stühlen saßen vierundzwanzig Älteste, mit weißen Kleidern angetan, und hatten auf ihren Häuptern goldene Kronen.

5 Und von dem Stuhl gingen aus Blitze, Donner und Stimmen; und sieben Fackeln mit Feuer brannten vor dem Stuhl, welches sind die sieben Geister Gottes.

6 Und vor dem Stuhl war ein gläsernes Meer gleich dem Kristall, und mitten am Stuhl und um den Stuhl vier Tiere, voll Augen vorn und hinten.

7 Und das erste Tier war gleich einem Löwen, und das andere Tier war gleich einem Kalbe, das dritte hatte ein Antlitz wie ein Mensch, und das vierte Tier war gleich einem fliegenden Adler.

8 Und ein jegliches der vier Tiere hatte sechs Flügel, und sie waren außenherum und inwendig voll Augen und hatten keine Ruhe Tag und Nacht und sprachen: Heilig, heilig, heilig ist Gott der HERR, der Allmächtige, der da war und der da ist und der da kommt!

9 Und da die Tiere gaben Preis und Ehre und Dank dem, der da auf dem Stuhl saß, der da lebt von Ewigkeit zu Ewigkeit,

10 fielen die vierundzwanzig Ältesten nieder vor dem, der auf dem Stuhl saß, und beteten an den, der da lebt von Ewigkeit zu Ewigkeit, und warfen ihre Kronen vor den Stuhl und sprachen:

11 HERR, du bist würdig, zu nehmen Preis und Ehre und Kraft; denn du hast alle Dinge geschaffen, und durch deinen

Willen haben sie das Wesen und sind geschaffen.

5. Kapitel

*Das Lamm empfängt das Buch
mit sieben Siegeln.*

1 Und ich sah in der rechten Hand des, der auf dem Stuhl saß, ein Buch, beschrieben inwendig und auswendig, versiegelt mit sieben Siegeln.

2 Und ich sah einen starken Engel, der rief aus mit großer Stimme: Wer ist würdig, das Buch aufzutun und seine Siegel zu brechen?

3 Und niemand im Himmel noch auf Erden noch unter der Erde konnte das Buch auftun und hineinsehen.

4 Und ich weinte sehr, daß niemand würdig erfunden ward, das Buch aufzutun und zu lesen noch hineinzusehen.

5 Und einer von den Ältesten spricht zu mir: Weine nicht! Siehe, es hat überwunden der Löwe, der da ist vom Geschlecht Juda, die Wurzel Davids,

aufzutun das Buch und zu brechen seine sieben Siegel.

6 Und ich sah, und siehe, mitten zwischen dem Stuhl und den vier Tieren und zwischen den Ältesten stand ein Lamm, wie wenn es erwürgt wäre, und hatte sieben Hörner und sieben Augen, das sind die sieben Geister Gottes, gesandt in alle Lande.

7 Und es kam und nahm das Buch aus der Hand des, der auf dem Stuhl saß.

8 Und da es das Buch nahm, da fielen die vier Tiere und die vierundzwanzig Ältesten nieder vor dem Lamm und hatten ein jeglicher Harfen und goldene Schalen voll Räuchwerk, das sind die Gebete der Heiligen,

9 und sangen ein neues Lied und sprachen: Du bist würdig, zu nehmen das Buch und aufzutun seine Siegel; denn du bist erwürget und hast uns Gott erkauft mit deinem Blut aus allerlei Geschlecht und Zunge und Volk und Heiden

10 und hast uns unserm Gott zu Königen und Priestern gemacht, und wir werden Könige sein auf Erden.

11 Und ich sah und hörte eine Stimme

vieler Engel um den Stuhl und um die Tiere und um die Ältesten her; und ihre Zahl war vieltausendmal tausend;

12 und sie sprachen mit großer Stimme: Das Lamm, das erwürget ist, ist würdig, zu nehmen Kraft und Reichtum und Weisheit und Stärke und Ehre und Preis und Lob.

13 Und alle Kreatur, die im Himmel ist und auf Erden und unter der Erde und im Meer, und alles, was darinnen ist, hörte ich sagen: Dem, der auf dem Stuhl sitzt, und dem Lamm sei Lob und Ehre und Preis und Gewalt von Ewigkeit zu Ewigkeit!

14 Und die vier Tiere sprachen: Amen! Und die vierundzwanzig Ältesten fielen nieder und beteten an den, der da lebt von Ewigkeit zu Ewigkeit.

6. Kapitel

Eröffnung der sechs ersten Siegel

1 Und ich sah, daß das Lamm der Siegel eines auftat; und hörte der vier Tiere

eines sagen wie mit einer Donnerstimme: Komm!

2 Und ich sah, und siehe, ein weißes Pferd. Und der daraufsaß, hatte einen Bogen; und ihm ward gegeben eine Krone, und er zog aus sieghaft, und daß er siegte.

3 Und da es das andere Siegel auftat, hörte ich das andere Tier sagen: Komm!

4 Und es ging heraus ein anderes Pferd, das war rot. Und dem, der daraufsaß, ward gegeben, den Frieden zu nehmen von der Erde und daß sie sich untereinander erwürgten; und ward ihm ein großes Schwert gegeben.

5 Und da es das dritte Siegel auftat, hörte ich das dritte Tier sagen: Komm! Und ich sah, und siehe, ein schwarzes Pferd. Und der daraufsaß, hatte eine Waage in seiner Hand.

6 Und ich hörte eine Stimme unter den vier Tieren sagen: Ein Maß Weizen um einen Groschen und drei Maß Gerste um einen Groschen; und dem Öl und Wein tu kein Leid!

7 Und da es das vierte Siegel auftat, hörte ich die Stimme des vierten Tiers

sagen: Komm!

8 Und ich sah, und siehe, ein fahles Pferd. Und der daraufsaß, des Name hieß Tod, und die Hölle folgte ihm nach. Und ihnen ward Macht gegeben, zu töten das vierte Teil auf der Erde mit dem Schwert und Hunger und mit dem Tod und durch die Tiere auf Erden.

9 Und da es das fünfte Siegel auftat, sah ich unter dem Altar die Seelen derer, die erwürgt waren um des Wortes Gottes willen und um des Zeugnisses willen, das sie hatten.

10 Und sie schrieen mit großer Stimme und sprachen: HERR, du Heiliger und Wahrhaftiger, wie lange richtest du nicht und rächest unser Blut an denen, die auf der Erde wohnen?

11 Und ihnen wurde gegeben einem jeglichen ein weißes Kleid, und ward zu ihnen gesagt, daß sie ruhten noch eine kleine Zeit, bis daß vollends dazukämen ihre Mitknechte und Brüder, die auch sollten noch getötet werden gleich wie sie.

12 Und ich sah, daß es das sechste Siegel auftat, und siehe, da ward ein

großes Erdbeben, und die Sonne ward schwarz wie ein härener Sack, und der Mond ward wie Blut;

13 und die Sterne des Himmels fielen auf die Erde, gleichwie ein Feigenbaum seine Feigen abwirft, wenn er von großem Wind bewegt wird.

14 Und der Himmel entwich wie ein zusammengerolltes Buch; und alle Berge und Inseln wurden bewegt aus ihren Örtern.

15 Und die Könige auf Erden und die Großen und die Reichen und die Hauptleute und die Gewaltigen und alle Knechte und alle Freien verbargen sich in den Klüften und Felsen an den Bergen

16 und sprachen zu den Bergen und Felsen: Fallt über uns und verbergt uns vor dem Angesichte des, der auf dem Stuhl sitzt, und vor dem Zorn des Lammes!

17 Denn es ist gekommen der große Tag seines Zorns, und wer kann bestehen?

7. Kapitel

*Die Versiegelung aus den zwölf Stämmen;
die selige Schar der Erlösten
aus allen Nationen.*

1 Und darnach sah ich vier Engel stehen auf den vier Ecken der Erde, die hielten die vier Winde der Erde, auf daß kein Wind über die Erde bliese noch über das Meer noch über irgend einen Baum.

2 Und ich sah einen anderen Engel aufsteigen von der Sonne Aufgang, der hatte das Siegel des lebendigen Gottes und schrie mit großer Stimme zu den vier Engeln, welchen gegeben war zu beschädigen die Erde und das Meer;

3 und er sprach: Beschädiget die Erde nicht noch das Meer noch die Bäume, bis wir versiegeln die Knechte unsers Gottes an ihren Stirnen!

4 Und ich hörte die Zahl derer, die versiegelt wurden: hundertvierundvierzigtausend, die versiegelt waren von allen Geschlechtern der Kinder Israel:

5 Von dem Geschlechte Juda zwölftausend versiegelt; von dem Geschlechte

Ruben zwölftausend versiegelt; von dem Geschlechte Gad zwölftausend versiegelt;

6 von dem Geschlechte Asser zwölftausend versiegelt; von dem Geschlechte Naphthali zwölftausend versiegelt; von dem Geschlechte Manasse zwölftausend versiegelt;

7 von dem Geschlechte Simeon zwölftausend versiegelt; von dem Geschlechte Levi zwölftausend versiegelt; von dem Geschlechte Isaschar zwölftausend versiegelt;

8 von dem Geschlechte Sebulon zwölftausend versiegelt; von dem Geschlechte Joseph zwölftausend versiegelt; von dem Geschlechte Benjamin zwölftausend versiegelt.

9 Darnach sah ich, und siehe, eine große Schar, welche niemand zählen konnte, aus allen Heiden und Völkern und Sprachen, vor dem Stuhl stehend und vor dem Lamm, angetan mit weißen Kleidern und Palmen in ihren Händen,

10 schrieen mit großer Stimme und sprachen: Heil sei dem, der auf dem Stuhl sitzt, unserm Gott, und dem Lamm!

11 Und alle Engel standen um den Stuhl und um die Ältesten und um die vier Tiere und fielen vor dem Stuhl auf ihr Angesicht und beteten Gott an

12 und sprachen: Amen, Lob und Ehre und Weisheit und Dank und Preis und Kraft und Stärke sei unserm Gott von Ewigkeit zu Ewigkeit! Amen.

13 Und es antwortete der Ältesten einer und sprach zu mir: Wer sind diese, mit den weißen Kleidern angetan, und woher sind sie gekommen?

14 Und ich sprach zu ihm: Herr, du weißt es. Und er sprach zu mir: Diese sind's, die gekommen sind aus großer Trübsal und haben ihre Kleider gewaschen und haben ihre Kleider hell gemacht im Blut des Lammes.

15 Darum sind sie vor dem Stuhl Gottes und dienen ihm Tag und Nacht in seinem Tempel; und der auf dem Stuhl sitzt, wird über ihnen wohnen.

16 Sie wird nicht mehr hungern noch dürsten; es wird auch nicht auf sie fallen die Sonne oder irgend eine Hitze;

17 denn das Lamm mitten im Stuhl wird sie weiden und leiten zu den lebendigen

Wasserbrunnen, und Gott wird abwischen alle Tränen von ihren Augen.

8. Kapitel

Eröffnung des siebten Siegels. Die vier ersten Posaunen. Das dreifache Wehe.

1 Und da es das siebente Siegel auftat, ward eine Stille in dem Himmel bei einer halben Stunde.

2 Und ich sah die sieben Engel, die da stehen vor Gott, und ihnen wurden sieben Posaunen gegeben.

3 Und ein andrer Engel kam und trat an den Altar und hatte ein goldenes Räuchfaß; und ihm ward viel Räuchwerk gegeben, daß er es gäbe zum Gebet aller Heiligen auf den goldenen Altar vor dem Stuhl.

4 Und der Rauch des Räuchwerks vom Gebet der Heiligen ging auf von der Hand des Engels vor Gott.

5 Und der Engel nahm das Räuchfaß und füllte es mit Feuer vom Altar und schüttete es auf die Erde. Und da

geschahen Stimmen und Donner und Blitze und Erdbeben.

6 Und die sieben Engel mit den sieben Posaunen hatten sich gerüstet zu posaunen.

7 Und der erste Engel posaunte: und es ward ein Hagel und Feuer, mit Blut gemengt, und fiel auf die Erde; und der dritte Teil der Bäume verbrannte, und alles grüne Gras verbrannte.

8 Und der andere Engel posaunte: und es fuhr wie ein großer Berg mit Feuer brennend ins Meer; und der dritte Teil des Meeres ward Blut,

9 und der dritte Teil der lebendigen Kreaturen im Meer starben, und der dritte Teil der Schiffe wurden verderbt.

10 Und der dritte Engel posaunte: und es fiel ein großer Stern vom Himmel, der brannte wie eine Fackel und fiel auf den dritten Teil der Wasserströme und über die Wasserbrunnen.

11 Und der Name des Sterns heißt Wermut. Und der dritte Teil der Wasser ward Wermut; und viele Menschen starben von den Wassern, weil sie waren so bitter geworden.

12 Und der vierte Engel posaunte: und es ward geschlagen der dritte Teil der Sonne und der dritte Teil des Mondes und der dritte Teil der Sterne, daß ihr dritter Teil verfinstert ward und der Tag den dritten Teil nicht schien und die Nacht desgleichen.

13 Und ich sah und hörte einen Engel fliegen mitten durch den Himmel und sagen mit großer Stimme: Weh, weh, weh denen, die auf Erden wohnen, vor den andern Stimmen der Posaune der drei Engel, die noch posaunen sollen!

9. Kapitel

*Die fünfte und sechste Posaune
mit dem ersten und zweiten Wehe.*

1 Und der fünfte Engel posaunte: und ich sah einen Stern, gefallen vom Himmel auf die Erde; und ihm ward der Schlüssel zum Brunnen des Abgrunds gegeben.

2 Und er tat den Brunnen des Abgrunds auf; und es ging auf ein Rauch aus dem Brunnen wie ein Rauch eines großen

Ofens, und es ward verfinstert die Sonne und die Luft von dem Rauch des Brunnens.

3 Und aus dem Rauch kamen Heuschrecken auf die Erde; und ihnen ward Macht gegeben, wie die Skorpione auf Erden Macht haben.

4 Und es ward ihnen gesagt, daß sie nicht beschädigten das Gras auf Erden noch ein Grünes noch einen Baum, sondern allein die Menschen, die nicht haben das Siegel Gottes an ihren Stirnen.

5 Und es ward ihnen gegeben, daß sie sie nicht töteten, sondern sie quälten fünf Monate lang; und ihre Qual war wie eine Qual vom Skorpion, wenn er einen Menschen schlägt.

6 Und in den Tagen werden die Menschen den Tod suchen, und nicht finden; werden begehren zu sterben, und der Tod wird vor ihnen fliehen.

7 Und die Heuschrecken sind gleich den Rossen, die zum Kriege bereitet sind; und auf ihrem Haupt wie Kronen, dem Golde gleich, und ihr Antlitz gleich der Menschen Antlitz;

8 und hatten Haare wie Weiberhaare,

und ihre Zähne waren wie die der Löwen;

9 und hatten Panzer wie eiserne Panzer, und das Rasseln ihrer Flügel wie das Rasseln an den Wagen vieler Rosse, die in den Krieg laufen;

10 und hatten Schwänze gleich den Skorpionen, und es waren Stacheln an ihren Schwänzen; und ihre Macht war, zu beschädigen die Menschen fünf Monate lang.

11 Und hatten über sich einen König, den Engel des Abgrunds, des Name heißt auf hebräisch Abaddon, und auf griechisch hat er den Namen Apollyon.

12 Ein Wehe ist dahin; siehe, es kommen noch zwei Wehe nach dem.

13 Und der sechste Engel posaunte: und ich hörte eine Stimme aus den vier Ecken des goldenen Altars vor Gott,

14 die sprach zu dem sechsten Engel, der die Posaune hatte: Löse die vier Engel, die gebunden sind an dem großen Wasserstrom Euphrat.

15 Und es wurden die vier Engel los, die bereit waren auf die Stunde und auf den Tag und auf den Monat und auf das Jahr, daß sie töteten den dritten Teil der

Menschen.

16 Und die Zahl des riesigen Volkes war vieltausend mal tausend; und ich hörte ihre Zahl.

17 Und also sah ich die Rosse im Gesicht und die daraufsaßen, daß sie hatten feurige und bläuliche und schwefelige Panzer; und die Häupter der Rosse waren wie die Häupter der Löwen, und aus ihrem Munde ging Feuer und Rauch und Schwefel.

18 Von diesen drei Plagen ward getötet der dritte Teil der Menschen, von dem Feuer und Rauch und Schwefel, der aus ihrem Munde ging.

19 Denn ihre Macht war in ihrem Munde; und ihre Schwänze waren den Schlangen gleich und hatten Häupter, und mit denselben taten sie Schaden.

20 Und die übrigen Leute, die nicht getötet wurden von diesen Plagen, taten nicht Buße für die Werke ihrer Hände, daß sie nicht anbeteten die Teufel und goldenen, silbernen, ehernen, steinernen und hölzernen Götzen, welche weder sehen noch hören noch wandeln können;

21 und taten auch nicht Buße für ihre Morde, Zauberei, Hurerei und Dieberei.

10. Kapitel

Der Engel mit dem Buch, das Johannes verschlingt. Die sieben Donner.

1 Und ich sah einen andern starken Engel vom Himmel herabkommen; der war mit einer Wolke bekleidet, und ein Regenbogen auf seinem Haupt und sein Antlitz wie die Sonne und Füße wie Feuersäulen,

2 und er hatte in seiner Hand ein Büchlein aufgetan. Und er setzte seinen rechten Fuß auf das Meer und den linken auf die Erde;

3 und er schrie mit großer Stimme, wie ein Löwe brüllt. Und da er schrie, redeten sieben Donner ihre Stimmen.

4 Und da die sieben Donner ihre Stimmen geredet hatten, wollte ich sie schreiben. Da hörte ich eine Stimme vom Himmel sagen zu mir: Versiegle, was die sieben Donner geredet haben; schreibe

es nicht!

5 Und der Engel, den ich sah stehen auf dem Meer und der Erde, hob seine Hand gen Himmel

6 und schwur bei dem Lebendigen von Ewigkeit zu Ewigkeit, der den Himmel geschaffen hat und was darin ist, und die Erde und was darin ist, und das Meer und was darin ist, daß hinfort keine Zeit mehr sein soll;

7 sondern in den Tagen der Stimme des siebenten Engels, wenn er posaunen wird, soll vollendet werden das Geheimnis Gottes, wie er hat verkündigt seinen Knechten, den Propheten.

[In den Tagen, wo die Stimme des siebten Engels erschallt, sobald er sich anschickt in die Posaune zu stoßen, dann ist auch der geheime Ratschluß Gottes zum Abschluß gekommen, wie er ihn seinen Knechten, den Propheten, als Freudenbotschaft mitgeteilt hat. (2)]

8 Und ich hörte eine Stimme vom Himmel abermals mit mir reden und sagen: Gehe hin, nimm das offene Büchlein von der Hand des Engels, der auf dem Meer und der Erde steht!

9 Und ich ging hin zu dem Engel und sprach zu ihm: Gib mir das Büchlein! Und er sprach zu mir: Nimm hin und verschling es! und es wird dich im Bauch grimmen; aber in deinem Munde wird's süß sein wie Honig.

10 Und ich nahm das Büchlein von der Hand des Engels und verschlang es, und es war süß in meinem Munde wie Honig; und da ich's gegessen hatte, grimmte mich's im Bauch.

11 Und er sprach zu mir: Du mußt abermals weissagen von Völkern und Heiden und Sprachen und vielen Königen.

11. Kapitel

*Messung des Tempels Gottes.
Zwei Zeugen getötet und wieder lebendig.
Die siebte Posaune.*

1 Und es ward ein Rohr gegeben, einem Stecken gleich, und er sprach: Stehe auf und miß den Tempel Gottes und den Altar und die darin anbeten.

2 Aber den Vorhof außerhalb des Tempels wirf hinaus und miß ihn nicht; denn er ist den Heiden gegeben, und die heilige Stadt werden sie zertreten zweiundvierzig Monate.

3 Und ich will meinen zwei Zeugen geben, daß sie weissagen tausendzweihundertundsechzig Tage, angetan mit Säcken.

4 Diese sind die zwei Ölbäume und die Fackeln, stehend vor dem HERRN der Erde.

5 Und so jemand sie will schädigen, so geht Feuer aus ihrem Munde und verzehrt ihre Feinde; und so jemand sie will schädigen, der muß also getötet werden.

6 Diese haben Macht, den Himmel zu verschließen, daß es nicht regne in den Tagen ihrer Weissagung, und haben Macht über das Wasser, es zu wandeln in Blut, und zu schlagen die Erde mit allerlei Plage, so oft sie wollen.

7 Und wenn sie ihr Zeugnis geendet haben, so wird das Tier, das aus dem Abgrund aufsteigt, mit ihnen einen Streit halten und wird sie überwinden und wird

sie töten.

8 Und ihre Leichname werden liegen auf der Gasse der großen Stadt, die da heißt geistlich "Sodom und Ägypten", da auch der HERR gekreuzigt ist.

9 Und es werden etliche von den Völkern und Geschlechter und Sprachen ihre Leichname sehen drei Tage und einen halben und werden ihre Leichname nicht lassen in Gräber legen.

10 Und die auf Erden wohnen, werden sich freuen über sie und wohlleben und Geschenke untereinander senden; denn diese zwei Propheten quälten die auf Erden wohnten.

11 Und nach drei Tagen und einem halben fuhr in sie der Geist des Lebens von Gott, und sie traten auf ihre Füße; und eine große Furcht fiel über die, so sie sahen.

12 Und sie hörten eine große Stimme von Himmel zu ihnen sagen: Steiget herauf! und sie stiegen auf in den Himmel in einer Wolke, und es sahen sie ihre Feinde.

13 Und zu derselben Stunde ward ein großes Erdbeben, und der zehnte Teil

der Stadt fiel; und wurden getötet in dem Erdbeben siebentausend Namen der Menschen, und die andern erschraken und gaben Ehre dem Gott des Himmels.

14 Das andere Wehe ist dahin; siehe, das dritte Wehe kommt schnell.

15 Und der siebente Engel posaunte: und es wurden große Stimmen im Himmel, die sprachen: Es sind die Reiche der Welt unsers HERRN und seines Christus geworden, und er wird regieren von Ewigkeit zu Ewigkeit.

16 Und die vierundzwanzig Ältesten, die vor Gott auf ihren Stühlen saßen, fielen auf ihr Angesicht und beteten Gott an

17 und sprachen: Wir danken dir, HERR, allmächtiger Gott, der du bist und warest, daß du hast angenommen deine große Kraft und herrschest;

18 und die Heiden sind zornig geworden, und es ist gekommen dein Zorn und die Zeit der Toten, zu richten und zu geben den Lohn deinen Knechten, den Propheten, und den Heiligen und denen, die deinen Namen fürchten, den Kleinen und Großen, und zu verderben, die die Erde verderbt haben.

19 Und der Tempel Gottes ward aufgetan im Himmel, und die Lade seines Bundes ward im Tempel gesehen; und es geschahen Blitze und Donner und Erdbeben und ein großer Hagel.

12. Kapitel

Das Weib mit der Sonne bekleidet, und der Drache. Streit Michaels mit demselben.

1 Und es erschien ein großes Zeichen im Himmel: ein Weib, mit der Sonne bekleidet, und der Mond unter ihren Füßen und auf ihrem Haupt eine Krone mit zwölf goldenen Sternen.

2 Und sie war schwanger und schrie in Kindesnöten und hatte große Qual zur Geburt.

3 Und es erschien ein anderes Zeichen im Himmel, und siehe, ein großer, roter Drache, der hatte sieben Häupter und zehn Hörner und auf seinen Häuptern sieben Kronen;

4 und sein Schwanz zog den dritten Teil der Sterne des Himmels hinweg und warf

sie auf die Erde. Und der Drache trat vor das Weib, die gebären sollte, auf daß, wenn sie geboren hätte, er ihr Kind fräße.

5 Und sie gebar einen Sohn, ein Knäblein, der alle Heiden sollte weiden mit eisernem Stabe. Und ihr Kind ward entrückt zu Gott und seinem Stuhl.

6 Und das Weib entfloh in die Wüste, wo sie einen Ort hat, bereitet von Gott, daß sie daselbst ernährt würde tausend zweihundertundsechzig Tage.

7 Und es erhob sich ein Streit im Himmel: Michael und seine Engel stritten mit dem Drachen; und der Drache stritt und seine Engel,

8 und siegten nicht, auch ward ihre Stätte nicht mehr gefunden im Himmel.

9 Und es ward ausgeworfen der große Drache, die alte Schlange, die da heißt der Teufel und Satanas, der die ganze Welt verführt, und ward geworfen auf die Erde, und seine Engel wurden auch dahin geworfen.

10 Und ich hörte eine große Stimme, die sprach im Himmel: Nun ist das Heil und die Kraft und das Reich unsers Gottes geworden und die Macht seines Christus,

weil der Verkläger unserer Brüder verworfen ist, der sie verklagte Tag und Nacht vor Gott.

11 Und sie haben ihn überwunden durch des Lammes Blut und durch das Wort ihres Zeugnisses und haben ihr Leben nicht geliebt bis an den Tod.

12 Darum freuet euch, ihr Himmel und die darin wohnen! Weh denen, die auf Erden wohnen und auf dem Meer! denn der Teufel kommt zu euch hinab und hat einen großen Zorn und weiß, daß er wenig Zeit hat.

13 Und da der Drache sah, daß er verworfen war auf die Erde, verfolgte er das Weib, die das Knäblein geboren hatte.

14 Und es wurden dem Weibe zwei Flügel gegeben wie eines Adlers, daß sie in die Wüste flöge an ihren Ort, da sie ernährt würde eine Zeit und zwei Zeiten und eine halbe Zeit vor dem Angesicht der Schlange.

15 Und die Schlange schoß nach dem Weibe aus ihrem Munde ein Wasser wie einen Strom, daß er sie ersäufte.

16 Aber die Erde half dem Weibe und

tat ihren Mund auf und verschlang den Strom, den der Drache aus seinem Munde schoß.

17 Und der Drache ward zornig über das Weib und ging hin zu streiten mit den übrigen von ihrem Samen, die da Gottes Gebote halten und haben das Zeugnis Jesu Christi.

13. Kapitel

Siebenköpfiges Tier aus dem Meer und ein zweihörniges aus der Erde.

1 Und ich trat an den Sand des Meeres und sah ein Tier aus dem Meer steigen, das hatte sieben Häupter und zehn Hörner und auf seinen Hörnern zehn Kronen und auf seinen Häuptern Namen der Lästerung.

2 Und das Tier, daß ich sah, war gleich einem Parder und seine Füße wie Bärenfüße und sein Mund wie eines Löwen Mund. Und der Drache gab ihm seine Kraft und seinen Stuhl und große Macht.

3 Und ich sah seiner Häupter eines, als wäre es tödlich wund; und seine tödliche Wunde ward heil. Und der ganze Erdboden verwunderte sich des Tieres

4 und sie beteten den Drachen an, der dem Tier die Macht gab, und beteten das Tier an und sprachen: Wer ist dem Tier gleich, und wer kann mit ihm kriegen?

5 Und es ward ihm gegeben ein Mund, zu reden große Dinge und Lästerungen, und ward ihm gegeben, daß es mit ihm währte zweiundvierzig Monate lang.

6 und es tat seinen Mund auf zur Lästerung gegen Gott, zu lästern seinen Namen und seine Hütte und die im Himmel wohnen.

7 Und ward ihm gegeben, zu streiten mit den Heiligen und sie zu überwinden; und ward ihm gegeben Macht über alle Geschlechter und Sprachen und Heiden.

8 Und alle, die auf Erden wohnen, beten es an, deren Namen nicht geschrieben sind in dem Lebensbuch des Lammes, das erwürgt ist, von Anfang der Welt.

9 Hat jemand Ohren, der höre!

10 So jemand in das Gefängnis führt, der wird in das Gefängnis gehen; so jemand

mit dem Schwert tötet, der muß mit dem Schwert getötet werden. Hier ist Geduld und Glaube der Heiligen.

11 Und ich sah ein anderes Tier aufsteigen aus der Erde; das hatte zwei Hörner gleichwie ein Lamm und redete wie ein Drache.

12 Und es übt alle Macht des ersten Tiers vor ihm; und es macht, daß die Erde und die darauf wohnen, anbeten das erste Tier, dessen tödliche Wunde heil geworden war;

13 und tut große Zeichen, daß es auch macht Feuer vom Himmel fallen vor den Menschen;

14 und verführt, die auf Erden wohnen, um der Zeichen willen, die ihm gegeben sind zu tun vor dem Tier; und sagt denen, die auf Erden wohnen, daß sie ein Bild machen sollen dem Tier, das die Wunde vom Schwert hatte und lebendig geworden war.

15 Und es ward ihm gegeben, daß es dem Bilde des Tiers den Geist gab, daß des Tiers Bild redete und machte, daß alle, welche nicht des Tiers Bild anbeteten, getötet würden.

16 Und es macht, daß die Kleinen und die Großen, die Reichen und die Armen, die Freien und die Knechte - allesamt sich ein Malzeichen geben an ihre rechte Hand oder an ihre Stirn,

17 daß niemand kaufen oder verkaufen kann, er habe denn das Malzeichen, nämlich den Namen des Tiers oder die Zahl seines Namens.

18 Hier ist Weisheit! Wer Verstand hat, der überlege die Zahl des Tiers; denn es ist eines Menschen Zahl, und seine Zahl ist sechshundertsechsundsechzig.

14. Kapitel

Die 144 000 auf Zion. Drei Engel mit einer guten, aber auch warnenden Botschaft. Fröhliche Ernte und schrecklicher Herbst.

1 Und ich sah das Lamm stehen auf dem Berg Zion und mit ihm hundertvierundvierzigtausend, die hatten seinen Namen und den Namen seines Vaters geschrieben an ihre Stirn.

2 Und ich hörte eine Stimme vom

Himmel wie eines großen Wassers und wie eine Stimme eines großen Donners; und die Stimme, die ich hörte, war wie von Harfenspielern, die auf ihren Harfen spielen.

3 Und sie sangen ein neues Lied vor dem Stuhl und vor den vier Tieren und den Ältesten; und niemand konnte das Lied lernen denn die hundertvierundvierzigtausend, die erkauft sind von der Erde.

4 Diese sind's, die mit Weibern nicht befleckt sind - denn sie sind Jungfrauen - und folgen dem Lamme nach, wo es hingeht. Diese sind erkauft aus den Menschen zu Erstlingen Gott und dem Lamm;

5 und in ihrem Munde ist kein Falsch gefunden; denn sie sind unsträflich vor dem Stuhl Gottes.

6 Und ich sah einen Engel fliegen mitten durch den Himmel, der hatte ein ewiges Evangelium zu verkündigen denen, die auf Erden wohnen, und allen Heiden und Geschlechtern und Sprachen und Völkern,

7 und sprach mit großer Stimme:

Fürchtet Gott und gebet ihm die Ehre; denn die Zeit seines Gerichts ist gekommen! Und betet an den, der gemacht hat Himmel und Erde und Meer und Wasserbrunnen.

8 Und ein anderer Engel folgte nach, der sprach: Sie ist gefallen, sie ist gefallen, Babylon, die große Stadt; denn sie hat mit dem Wein der Hurerei getränkt alle Heiden.

9 Und der dritte Engel folgte diesem nach und sprach mit großer Stimme: So jemand das Tier anbetet und sein Bild und nimmt sein Malzeichen an seine Stirn oder an seine Hand,

10 der wird vom Wein des Zorns Gottes trinken, der lauter eingeschenkt ist in seines Zornes Kelch, und wird gequält werden mit Feuer und Schwefel vor den heiligen Engeln und vor dem Lamm;

11 und der Rauch ihrer Qual wird aufsteigen von Ewigkeit zu Ewigkeit (A + B); und sie haben keine Ruhe Tag und Nacht, die das Tier haben angebetet und sein Bild, und so jemand hat das Malzeichen seines Namens an- genommen.

12 Hier ist Geduld der Heiligen; hier sind, die da halten die Gebote Gottes und den Glauben an Jesum.

13 Und ich hörte eine Stimme vom Himmel zu mir sagen: Schreibe: Selig sind die Toten, die in dem HERRN sterben von nun an. Ja, der Geist spricht, daß sie ruhen von ihrer Arbeit; denn ihre Werke folgen ihnen nach.

14 Und ich sah, und siehe, eine weiße Wolke. Und auf der Wolke saß einer, der gleich war eines Menschen Sohn; der hatte eine goldene Krone auf seinem Haupt und in seiner Hand eine scharfe Sichel.

15 Und ein anderer Engel ging aus dem Tempel und schrie mit großer Stimme zu dem, der auf der Wolke saß: Schlag an mit deiner Sichel und ernte; denn die Zeit zu ernten ist gekommen, denn die Ernte der Erde ist dürr geworden!

16 Und der auf der Wolke saß, schlug mit seiner Sichel an die Erde, und die Erde ward geerntet.

17 Und ein anderer Engel ging aus dem Tempel, der hatte eine scharfe Hippe.

18 Und ein anderer Engel ging aus vom

Altar, der hatte Macht über das Feuer und rief mit großem Geschrei zu dem, der die scharfe Hippe hatte, und sprach: Schlag an mit deiner scharfen Hippe und schneide die Trauben vom Weinstock der Erde; denn seine Beeren sind reif!

19 Und der Engel schlug an mit seiner Hippe an die Erde und schnitt die Trauben der Erde und warf sie in die große Kelter des Zorns Gottes.

20 Und die Kelter ward draußen vor der Stadt getreten; und das Blut ging von der Kelter bis an die Zäume der Pferde durch tausend sechshundert Feld Wegs.

15. Kapitel

Die Sänger am gläsernen Meer. Die sieben letzten Plagen. Vorbereitung zur Ausgießung der sieben Zornschalen.

1 Und ich sah ein anderes Zeichen im Himmel, das war groß und wundersam: sieben Engel, die hatten die letzten sieben Plagen; denn mit denselben ist vollendet der Zorn Gottes.

2 Und ich sah wie ein gläsernes Meer, mit Feuer gemengt; und die den Sieg behalten hatten an dem Tier und seinem Bild und seinem Malzeichen und seines Namens Zahl, standen an dem gläsernen Meer und hatten Harfen Gottes

3 und sangen das Lied Mose's, des Knechtes Gottes, und das Lied des Lammes und sprachen: Groß und wundersam sind deine Werke, HERR, allmächtiger Gott! Gerecht und wahrhaftig sind deine Wege, du König der Heiden!

4 Wer sollte dich nicht fürchten, HERR und deinen Namen preisen? Denn du bist allein heilig. Denn alle Heiden werden kommen und anbeten vor dir; denn deine Urteile sind offenbar geworden.

5 Darnach sah ich, und siehe, da ward aufgetan der Tempel der Hütte des Zeugnisses im Himmel;

6 und gingen aus dem Tempel die sieben Engel, die die sieben Plagen hatten, angetan mit reiner, heller Leinwand und umgürtet an ihren Brüsten mit goldenen Gürteln.

7 Und eines der vier Tiere gab den

sieben Engeln sieben goldene Schalen voll Zorns Gottes, der da lebt von Ewigkeit zu Ewigkeit.

8 Und der Tempel ward voll Rauch von der Herrlichkeit Gottes und von seiner Kraft; und niemand konnte in den Tempel gehen, bis daß die sieben Plagen der sieben Engel vollendet wurden.

16. Kapitel

Die Schalen des göttlichen Zorns werden von sieben Engeln ausgegossen.

1 Und ich hörte eine große Stimme aus dem Tempel, die sprach zu den sieben Engeln: Gehet hin und gießet aus die Schalen des Zorns Gottes auf die Erde!

2 Und der erste ging hin und goß seine Schale auf die Erde; und es ward eine böse und arge Drüse an den Menschen, die das Malzeichen des Tiers hatten und die sein Bild anbeteten.

3 Und der andere Engel goß aus seine Schale ins Meer; und es ward Blut wie eines Toten, und alle lebendigen Seelen

starben in dem Meer.

4 Und der dritte Engel goß aus seine Schale in die Wasserströme und in die Wasserbrunnen; und es ward Blut.

5 Und ich hörte den Engel der Wasser sagen: HERR, du bist gerecht, der da ist und der da war, und heilig, daß du solches geurteilt hast,

6 denn sie haben das Blut der Heiligen und Propheten vergossen, und Blut hast du ihnen zu trinken gegeben; denn sie sind's wert.

7 Und ich hörte einen anderen Engel aus dem Altar sagen: Ja, HERR, allmächtiger Gott, deine Gerichte sind wahrhaftig und gerecht.

8 Und der vierte Engel goß aus seine Schale in die Sonne, und ihm ward gegeben, den Menschen heiß zu machen mit Feuer.

9 Und den Menschen ward heiß von großer Hitze, und sie lästerten den Namen Gottes, der Macht hat über diese Plagen, und taten nicht Buße, ihm die Ehre zu geben.

10 Und der fünfte Engel goß aus seine Schale auf den Stuhl des Tiers; und sein

Reich ward verfinstert, und sie zerbissen ihre Zungen vor Schmerzen

11 und lästerten Gott im Himmel vor ihren Schmerzen und vor ihren Drüsen und taten nicht Buße für ihre Werke.

12 Und der sechste Engel goß aus seine Schale auf den großen Wasserstrom Euphrat; und das Wasser vertrocknete, auf daß bereitet würde der Weg den Königen vom Aufgang der Sonne.

13 Und ich sah aus dem Munde des Drachen und aus dem Munde des Tiers und aus dem Munde des falschen Propheten drei unreine Geister gehen, gleich den Fröschen;

14 denn es sind Geister der Teufel, die tun Zeichen und gehen aus zu den Königen auf dem ganzen Kreis der Welt, sie zu versammeln in den Streit auf jenen Tag Gottes, des Allmächtigen.

15 Siehe, ich komme wie ein Dieb. Selig ist, der da wacht und hält seine Kleider, daß er nicht bloß wandle und man nicht seine Schande sehe.

16 Und er hat sie versammelt an einen Ort, der da heißt auf hebräisch Harmagedon.

17 Und der siebente Engel goß aus seine Schale in die Luft; und es ging aus eine Stimme vom Himmel aus dem Stuhl, die sprach: Es ist geschehen.

18 Und es wurden Stimmen und Donner und Blitze; und ward ein solches Erdbeben, wie solches nicht gewesen ist, seit Menschen auf Erden gewesen sind, solch Erdbeben also groß.

19 Und aus der großen Stadt wurden drei Teile, und die Städte der Heiden fielen. Und Babylon, der großen, ward gedacht vor Gott, ihr zu geben den Kelch des Weins von seinem grimmigen Zorn.

20 Und alle Inseln entflohen, und keine Berge wurden gefunden.

21 Und ein großer Hagel, wie ein Zentner, fiel vom Himmel auf die Menschen; und die Menschen lästerten Gott über die Plage des Hagels, denn seine Plage war sehr groß.

17. Kapitel

*Babylon, das Weib auf dem Tier,
vom Lamm überwunden.*

1 Und es kam einer von den sieben Engeln, die die sieben Schalen hatten, redete mit mir und sprach zu mir: Komm, ich will dir zeigen das Urteil der großen Hure, die da an vielen Wassern sitzt;

2 mit welcher gehurt haben die Könige auf Erden; und die da wohnen auf Erden, sind trunken geworden von dem Wein ihrer Hurerei.

3 Und er brachte mich im Geist in die Wüste. Und ich sah ein Weib sitzen auf einem scharlachfarbenen Tier, das war voll Namen der Lästerung und hatte sieben Häupter und zehn Hörner.

4 Und das Weib war bekleidet mit Purpur und Scharlach und übergoldet mit Gold und edlen Steinen und Perlen und hatte einen goldenen Becher in der Hand, voll Greuel und Unsauberkeit ihrer Hurerei,

5 und an ihrer Stirn geschrieben einen Namen, ein Geheimnis: Die große

Babylon, die Mutter der Hurerei und aller Greuel auf Erden.

6 Und ich sah das Weib trunken von dem Blut der Heiligen und von dem Blute der Zeugen Jesu. Und ich verwunderte mich sehr, da ich sie sah.

7 Und der Engel spricht zu mir: Warum verwunderst du dich? Ich will dir sagen das Geheimnis von dem Weibe und von dem Tier, das sie trägt und hat sieben Häupter und zehn Hörner.

8 Das Tier, das du gesehen hast, ist gewesen und ist nicht und wird wiederkommen aus dem Abgrund und wird fahren in die Verdammnis, und es werden sich verwundern, die auf Erden wohnen, deren Namen nicht geschrieben stehen in dem Buch des Lebens von Anfang der Welt, wenn sie sehen das Tier, daß es gewesen ist und nicht ist und dasein wird.

9 Hier ist der Sinn, der zur Weisheit gehört! Die sieben Häupter sind sieben Berge, auf welchen das Weib sitzt, und sind sieben Könige.

10 Fünf sind gefallen, und einer ist, und der andere ist noch nicht gekommen; und

wenn er kommt, muß er eine kleine Zeit bleiben.

11 Und das Tier, das gewesen ist und nicht ist, das ist der achte und ist von den sieben und fährt in die Verdammnis.

12 Und die zehn Hörner, die du gesehen hast, das sind zehn Könige, die das Reich noch nicht empfangen haben; aber wie Könige werden sie eine Zeit Macht empfangen mit dem Tier.

13 Die haben eine Meinung und werden ihre Kraft und Macht geben dem Tier.

14 Diese werden streiten mit dem Lamm, und das Lamm wird sie überwinden (denn es ist der HERR aller Herren und der König aller Könige) und mit ihm die Berufenen und Auserwählten und Gläubigen.

15 Und er sprach zu mir: Die Wasser, die du gesehen hast, da die Hure sitzt, sind Völker und Scharen und Heiden und Sprachen.

16 Und die zehn Hörner, die du gesehen hast, und das Tier, die werden die Hure hassen und werden sie einsam machen und bloß und werden ihr Fleisch essen und werden sie mit Feuer verbrennen.

17 Denn Gott hat's ihnen gegeben in ihr Herz, zu tun seine Meinung und zu tun einerlei Meinung und zu geben ihr Reich dem Tier, bis daß vollendet werden die Worte Gottes.

18 Und das Weib, das du gesehen hast, ist die große Stadt, die das Reich hat über die Könige auf Erden.

18. Kapitel

*Fall Babylons. Wehklage der Könige,
Kaufleute und Schiffsleute.
Freude im Himmel darüber.*

1 Und darnach sah ich einen andern Engel herniederfahren vom Himmel, der hatte eine große Macht, und die Erde ward erleuchtet von seiner Klarheit.

2 Und er schrie aus Macht mit großer Stimme und sprach: Sie ist gefallen, sie ist gefallen, Babylon, die große, und eine Behausung der Teufel geworden und ein Behältnis aller unreinen Geister und ein Behältnis aller unreinen und verhaßten Vögel.

3 Denn von dem Wein des Zorns ihrer Hurerei haben alle Heiden getrunken, und die Könige auf Erden haben mit ihr Hurerei getrieben, und die Kaufleute auf Erden sind reich geworden von ihrer großen Wollust.

4 Und ich hörte eine andere Stimme vom Himmel, die sprach: Gehet aus von ihr, mein Volk, daß ihr nicht teilhaftig werdet ihrer Sünden, auf daß ihr nicht empfanget etwas von ihren Plagen!

5 Denn ihre Sünden reichen bis in den Himmel, und Gott denkt an ihren Frevel.

6 Bezahlet sie, wie sie bezahlt hat, und macht's ihr zwiefältig nach ihren Werken; und in welchem Kelch sie eingeschenkt hat, schenkt ihr zwiefältig ein.

7 Wieviel sie herrlich gemacht und ihren Mutwillen gehabt hat, so viel schenket ihr Qual und Leid ein! Denn sie spricht in ihrem Herzen: Ich sitze als Königin und bin keine Witwe, und Leid werde ich nicht sehen.

8 Darum werden ihre Plagen auf einen Tag kommen: Tod, Leid und Hunger; mit Feuer wird sie verbrannt werden; denn stark ist Gott der HERR, der sie richten

wird.

9 Und es werden sie beweinen und sie beklagen die Könige auf Erden, die mit ihr gehurt und Mutwillen getrieben haben, wenn sie sehen werden den Rauch von ihrem Brand;

10 und werden von ferne stehen vor Furcht ihrer Qual und sprechen: Weh, weh, die große Stadt Babylon, die starke Stadt! In einer Stunde ist ihr Gericht gekommen.

11 Und die Kaufleute auf Erden werden weinen und Leid tragen über sie, weil ihre Ware niemand mehr kaufen wird,

12 die Ware des Goldes und Silbers und Edelgesteins und die Perlen und köstliche Leinwand und Purpur und Seide und Scharlach und allerlei wohlriechendes Holz und allerlei Gefäß von Elfenbein und allerlei Gefäß von köstlichem Holz und von Erz und von Eisen und von Marmor,

13 und Zimt und Räuchwerk und Salbe und Weihrauch und Wein und Öl und Semmelmehl und Weizen und Vieh und Schafe und Pferde und Wagen und Leiber und - Seelen der Menschen.

14 Und das Obst, daran deine Seele Lust

hatte, ist von dir gewichen, und alles, was völlig und herrlich war, ist von dir gewichen, und du wirst solches nicht mehr finden.

15 Die Händler solcher Ware, die von ihr sind reich geworden, werden von ferne stehen vor Furcht ihrer Qual, weinen und klagen

16 und sagen: Weh, weh, die große Stadt, die bekleidet war mit köstlicher Leinwand und Purpur und Scharlach und übergoldet war mit Gold und Edelstein und Perlen!

17 denn in einer Stunde ist verwüstet solcher Reichtum. Und alle Schiffsherren und der Haufe derer, die auf den Schiffen hantieren, und Schiffsleute, die auf dem Meer hantieren, standen von ferne

18 und schrieen, da sie den Rauch von ihrem Brande sahen, und sprachen: Wer ist gleich der großen Stadt?

19 Und sie warfen Staub auf ihre Häupter und schrieen, weinten und klagten und sprachen: Weh, weh, die große Stadt, in welcher wir reich geworden sind alle, die da Schiffe im Meere hatten, von ihrer Ware! denn in einer Stunde ist sie

verwüstet.

20 Freue dich über sie, Himmel und ihr Heiligen und Apostel und Propheten; denn Gott hat euer Urteil an ihr gerichtet!

21 Und ein starker Engel hob einen großen Stein auf wie einen Mühlstein, warf ihn ins Meer und sprach: Also wird mit einem Sturm verworfen die große Stadt Babylon und nicht mehr gefunden werden.

22 Und die Stimme der Sänger und Saitenspieler, Pfeifer und Posauner soll nicht mehr in dir gehört werden, und kein Handwerksmann irgend eines Handwerks soll mehr in dir gefunden werden, und die Stimme der Mühle soll nicht mehr in dir gehört werden,

23 und das Licht der Leuchte soll nicht mehr in dir leuchten, und die Stimme des Bräutigams und der Braut soll nicht mehr in dir gehört werden! Denn deine Kaufleute waren Fürsten auf Erden; denn durch deine Zauberei sind verführt worden alle Heiden.

24 Und das Blut der Propheten und der Heiligen ist in ihr gefunden worden und all derer, die auf Erden erwürgt sind.

19. Kapitel

Triumphlied über Babels Fall. Die Hochzeit des Lammes. Erscheinung Christi, Sturz des Tiers und des falschen Propheten.

1 Darnach hörte ich eine Stimme großer Scharen im Himmel, die sprachen: Halleluja! Heil und Preis, Ehre und Kraft sei Gott, unserm HERRN!

2 Denn wahrhaftig und gerecht sind seine Gerichte, daß er die große Hure verurteilt hat, welche die Erde mit ihrer Hurerei verderbte, und hat das Blut seiner Knechte von ihrer Hand gefordert.

3 Und sie sprachen zum andernmal: Halleluja! und der Rauch geht auf ewiglich.

4 Und die vierundzwanzig Ältesten und die vier Tiere fielen nieder und beteten an Gott, der auf dem Stuhl saß, und sprachen: AMEN, Halleluja!

5 Und eine Stimme ging aus von dem Stuhl: Lobt unsern Gott, alle seine Knechte und die ihn fürchten, beide, klein und groß!

6 Und ich hörte wie eine Stimme einer

großen Schar und wie eine Stimme großer Wasser und wie eine Stimme starker Donner, die sprachen: Halleluja! denn der allmächtige Gott hat das Reich eingenommen.

7 Lasset uns freuen und fröhlich sein und ihm die Ehre geben! denn die Hochzeit des Lammes ist gekommen, und sein Weib hat sich bereitet.

8 Und es ward ihr gegeben, sich anzutun mit reiner und schöner Leinwand. (Die köstliche Leinwand aber ist die Gerechtigkeit der Heiligen.)

9 Und er sprach zu mir: Schreibe: Selig sind, die zum Abendmahl des Lammes berufen sind. Und er sprach zu mir: Dies sind wahrhaftige Worte Gottes.

10 Und ich fiel vor ihn zu seinen Füßen, ihn anzubeten. Und er sprach zu mir: Siehe zu, tu es nicht! Ich bin dein Mitknecht und deiner Brüder, die das Zeugnis Jesu haben. Bete Gott an! (Das Zeugnis aber Jesu ist der Geist der Weissagung.)

11 Und ich sah den Himmel aufgetan; und siehe, ein weißes Pferd. Und der daraufsaß, hieß Treu und Wahrhaftig, und

er richtet und streitet mit Gerechtigkeit.

12 Seine Augen sind wie eine Feuerflamme, und auf seinem Haupt viele Kronen; und er hatte einen Namen geschrieben, den niemand wußte denn er selbst.

13 Und war angetan mit einem Kleide, das mit Blut besprengt war; und sein Name heißt "das Wort Gottes".

14 Und ihm folgte nach das Heer im Himmel auf weißen Pferden, angetan mit weißer und reiner Leinwand.

15 Und aus seinem Munde ging ein scharfes Schwert, daß er damit die Heiden schlüge; und er wird sie regieren mit eisernem Stabe; und er tritt die Kelter des Weins des grimmigen Zorns Gottes, des Allmächtigen.

16 Und er hat einen Namen geschrieben auf seinem Kleid und auf seiner Hüfte also: Ein König aller Könige und ein HERR aller Herren.

17 Und ich sah einen Engel in der Sonne stehen; und er schrie mit großer Stimme und sprach zu allen Vögeln, die unter dem Himmel fliegen: Kommt und versammelt euch zu dem Abendmahl des

großen Gottes,

18 daß ihr esset das Fleisch der Könige und der Hauptleute und das Fleisch der Starken und der Pferde und derer, die daraufsitzen, und das Fleisch aller Freien und Knechte, der Kleinen und der Großen!

19 Und ich sah das Tier und die Könige auf Erden und ihre Heere versammelt, Streit zu halten mit dem, der auf dem Pferde saß, und mit seinem Heer.

20 Und das Tier ward gegriffen und mit ihm der falsche Prophet, der die Zeichen tat vor ihm, durch welche er verführte, die das Malzeichen des Tiers nahmen und die das Bild des Tiers anbeteten; lebendig wurden diese beiden in den feurigen Pfuhl geworfen, der mit Schwefel brannte.

21 Und die andern wurden erwürgt mit dem Schwert des, der auf dem Pferde saß, das aus seinem Munde ging; und alle Vögel wurden satt von ihrem Fleisch.

20. Kapitel

*Der Satan gebunden auf tausend Jahre;
erste Auferstehung. Gog und Magog.
Das Jüngste Gericht.*

1 Und ich sah einen Engel vom Himmel fahren, der hatte den Schlüssel zum Abgrund und eine große Kette in seiner Hand.

2 Und er griff den Drachen, die alte Schlange, welche ist der Teufel und Satan, und band ihn tausend Jahre

3 und warf ihn in den Abgrund und verschloß ihn und versiegelte obendarauf, daß er nicht mehr verführen sollte die Heiden, bis daß vollendet würden tausend Jahre; und darnach muß er los werden eine kleine Zeit.

4 Und ich sah Stühle, und sie setzten sich darauf, und ihnen ward gegeben das Gericht; und die Seelen derer, die enthauptet sind um des Zeugnisses Jesu und um des Wortes Gottes willen, und die nicht angebetet hatten das Tier noch sein Bild und nicht genommen hatten sein Malzeichen an ihre Stirn und auf ihre

Hand, diese lebten und regierten mit Christo tausend Jahre.

5 Die andern Toten aber wurden nicht wieder lebendig, bis daß tausend Jahre vollendet wurden. Dies ist die erste Auferstehung.

6 Selig ist der und heilig, der teilhat an der ersten Auferstehung. Über solche hat der andere Tod keine Macht; sondern sie werden Priester Gottes und Christi sein und mit ihm regieren tausend Jahre.

7 Und wenn tausend Jahre vollendet sind, wird der Satanas los werden aus seinem Gefängnis

8 und wird ausgehen, zu verführen die Heiden an den vier Enden der Erde, den Gog und Magog, sie zu versammeln zum Streit, welcher Zahl ist wie der Sand am Meer.

9 Und sie zogen herauf auf die Breite der Erde und umringten das Heerlager der Heiligen und die geliebte Stadt. Und es fiel Feuer von Gott aus dem Himmel und verzehrte sie.

10 Und der Teufel, der sie verführte, ward geworfen in den feurigen Pfuhl und Schwefel, da auch das Tier und der

falsche Prophet war; und sie werden gequält werden Tag und Nacht von Ewigkeit zu Ewigkeit.

11 Und ich sah einen großen, weißen Stuhl und den, der daraufsaß; vor des Angesicht floh die Erde und der Himmel und ihnen ward keine Stätte gefunden.

12 Und ich sah die Toten, beide, groß und klein, stehen vor Gott, und Bücher wurden aufgetan. Und ein anderes Buch ward aufgetan, welches ist das Buch des Lebens. Und die Toten wurden gerichtet nach der Schrift in den Büchern, nach ihren Werken.

13 Und das Meer gab die Toten, die darin waren, und der Tod und die Hölle gaben die Toten, die darin waren; und sie wurden gerichtet, ein jeglicher nach seinen Werken. [Der Todesfürst Luzifer musste die geistig Toten, die seinem Reiche angehörten, wieder herausgeben (4)]

14 Und der Tod und die Hölle wurden geworfen in den feurigen Pfuhl. Das ist der andere Tod.

15 Und so jemand nicht ward gefunden geschrieben in dem Buch des Lebens, der ward geworfen in den feurigen Pfuhl.

21. Kapitel

Neuer Himmel, neue Erde, neues Jerusalem.

1 Und ich sah einen neuen Himmel und eine neue Erde; denn der erste Himmel und die erste Erde verging, und das Meer ist nicht mehr.

2 Und ich, Johannes, sah die heilige Stadt, das neue Jerusalem, von Gott aus dem Himmel herabfahren, bereitet als eine geschmückte Braut ihrem Mann.

3 Und ich hörte eine große Stimme von dem Stuhl, die sprach: Siehe da, die Hütte Gottes bei den Menschen! und er wird bei ihnen wohnen, und sie werden sein Volk sein, und er selbst, Gott mit ihnen, wird ihr Gott sein;

4 und Gott wird abwischen alle Tränen von ihren Augen, und der Tod wird nicht mehr sein, noch Leid noch Geschrei noch

Schmerz wird mehr sein; denn das Erste ist vergangen.

5 Und der auf dem Stuhl saß, sprach: Siehe, ich mache alles neu! Und er spricht zu mir: Schreibe; denn diese Worte sind wahrhaftig und gewiß!

6 Und er sprach zu mir: Es ist geschehen. Ich bin das A und das O, der Anfang und das Ende. Ich will den Durstigen geben von dem Brunnen des lebendigen Wassers umsonst.

7 Wer überwindet, der wird es alles ererben, und ich werde sein Gott sein, und er wird mein Sohn sein.

8 Der Verzagten aber und Ungläubigen und Greulichen und Totschläger und Hurer und Zauberer und Abgöttischen und aller Lügner, deren Teil wird sein in dem Pfuhl, der mit Feuer und Schwefel brennt; das ist der andere Tod.

9 Und es kam zu mir einer von den sieben Engeln, welche die sieben Schalen voll der letzten sieben Plagen hatten, und redete mit mir und sprach: Komm, ich will dir das Weib zeigen, die Braut des Lammes.

10 Und er führte mich hin im Geist auf

einen großen und hohen Berg und zeigte mir die große Stadt, das heilige Jerusalem, herniederfahren aus dem Himmel von Gott,

11 die hatte die Herrlichkeit Gottes. Und ihr Licht war gleich dem alleredelsten Stein, einem hellen Jaspis.

12 Und sie hatte eine große und hohe Mauer und hatte zwölf Tore und auf den Toren zwölf Engel, und Namen darauf geschrieben, nämlich der zwölf Geschlechter der Kinder Israel.

13 Vom Morgen drei Tore, von Mitternacht drei Tore, vom Mittag drei Tore, vom Abend drei Tore.

14 Und die Mauer der Stadt hatte zwölf Grundsteine und auf ihnen Namen der zwölf Apostel des Lammes.

15 Und der mit mir redete, hatte ein goldenes Rohr, daß er die Stadt messen sollte und ihre Tore und Mauer.

16 Und die Stadt liegt viereckig, und ihre Länge ist so groß als die Breite. Und er maß die Stadt mit dem Rohr auf zwölftausend Feld Wegs. Die Länge und die Breite und die Höhe der Stadt sind gleich.

17 Und er maß ihre Mauer, hundertvierundvierzig Ellen, nach Menschenmaß, das der Engel hat.

18 Und der Bau ihrer Mauer war von Jaspis und die Stadt von lauterm Golde gleich dem reinen Glase.

19 Und die Grundsteine der Mauer um die Stadt waren geschmückt mit allerlei Edelgestein. Der erste Grund war ein Jaspis, der andere ein Saphir, der dritte ein Chalzedonier, der vierte ein Smaragd,

20 der fünfte ein Sardonix, der sechste ein Sarder, der siebente ein Chrysolith, der achte ein Berill, der neunte ein Topas, der zehnte ein Chrysopras, der elfte ein Hyazinth, der zwölfte ein Amethyst.

21 Und die zwölf Tore waren zwölf Perlen, und ein jeglich Tor war von einer Perle; und die Gassen der Stadt waren lauteres Gold wie ein durchscheinend Glas.

22 Und ich sah keinen Tempel darin; denn der HERR, der allmächtige Gott, ist ihr Tempel, und das Lamm.

23 Und die Stadt bedarf keiner Sonne noch des Mondes, daß sie scheinen; denn die Herrlichkeit Gottes erleuchtet

sie, und ihre Leuchte ist das Lamm.

24 Und die Heiden, die da selig werden, wandeln in ihrem Licht; und die Könige auf Erden werden ihre Herrlichkeit in sie bringen.

25 Und ihre Tore werden nicht verschlossen des Tages; denn da wird keine Nacht sein.

26 Und man wird die Herrlichkeit und die Ehre der Heiden in sie bringen.

27 Und es wird nicht hineingehen irgend ein Gemeines und das da Greuel tut und Lüge, sondern die geschrieben sind in dem Lebensbuch des Lammes.

22. Kapitel

Der Strom und das Holz des Lebens.
Gemeinschaft der Seligen mit Gott.
Erste Ermahnung und Warnung. Schluß.

1 Und er zeigte mir einen lautern Strom des lebendigen Wassers, klar wie ein Kristall; der ging aus von dem Stuhl Gottes und des Lammes.

2 Mitten auf ihrer Gasse auf beiden

Seiten des Stroms stand Holz des Lebens, das trug zwölfmal Früchte und brachte seine Früchte alle Monate; und die Blätter des Holzes dienten zu der Gesundheit der Heiden.

3 Und es wird kein Verbanntes mehr sein. Und der Stuhl Gottes und des Lammes wird darin sein; und seine Knechte werden ihm dienen

4 und sehen sein Angesicht; und sein Name wird an ihren Stirnen sein.

5 Und wird keine Nacht da sein, und sie werden nicht bedürfen einer Leuchte oder des Lichts der Sonne; denn Gott der HERR wird sie erleuchten, und sie werden regieren von Ewigkeit zu Ewigkeit.

6 Und er sprach zu mir: Diese Worte sind gewiß und wahrhaftig; und der HERR, der Gott der Geister der Propheten, hat seinen Engel gesandt, zu zeigen seinen Knechten, was bald geschehen muß.

7 Siehe, ich komme bald. Selig ist, der da hält die Worte der Weissagung in diesem Buch.

8 Und ich bin Johannes, der solches gehört hat. Und da ich's gehört und

gesehen, fiel ich nieder, anzubeten zu den Füßen des Engels, der mir solches zeigte.

9 Und er spricht zu mir: Siehe zu, tu es nicht! denn ich bin dein Mitknecht und deiner Brüder, der Propheten, und derer, die da halten die Worte dieses Buchs. Bete Gott an!

10 Und er spricht zu mir: Versiegle nicht die Worte der Weissagung in diesem Buch; denn die Zeit ist nahe!

11 Wer böse ist, der sei fernerhin böse, und wer unrein ist, der sei fernerhin unrein; aber wer fromm ist, der sei fernerhin fromm, und wer heilig ist, der sei fernerhin heilig.

12 Siehe, ich komme bald und mein Lohn mit mir, zu geben einem jeglichen, wie seine Werke sein werden.

13 Ich bin das A und das O, der Anfang und das Ende, der Erste und der Letzte.

14 Selig sind, die seine Gebote halten, auf daß sie Macht haben an dem Holz des Lebens und zu den Toren eingehen in die Stadt.

15 Denn draußen sind die Hunde und die Zauberer und die Hurer und die

Totschläger und die Abgöttischen und alle, die liebhaben und tun die Lüge.

16 Ich, Jesus, habe gesandt meinen Engel, solches zu bezeugen an die Gemeinden. Ich bin die Wurzel des Geschlechts David, der helle Morgenstern.

17 Und der Geist und die Braut sprechen: Komm! Und wer es hört, der spreche: Komm! Und wen dürstet, der komme; und wer da will, der nehme das Wasser des Lebens umsonst.

18 Ich bezeuge allen, die da hören die Worte der Weissagung in diesem Buch: So jemand dazusetzt, so wird Gott zusetzen auf ihn die Plagen, die in diesem Buch geschrieben stehen.

19 Und so jemand davontut von den Worten des Buchs dieser Weissagung, so wird Gott abtun sein Teil von Holz des Lebens und von der heiligen Stadt, davon in diesem Buch geschrieben ist.

20 Es spricht, der solches bezeugt: Ja, ich komme bald. Amen, ja komm, HERR Jesu!

21 Die Gnade unsers HERRN Jesu Christi sei mit euch allen! Amen.

Anhang und Register

A)

"Bei der Verteidigung der Lehre der ewigen Verdammnis wird gerne darauf hingewiesen, dass in der Bibel aber doch von ewigen Strafen die Rede sei. Auch wenn es in der vielstimmigen Bibel Stellen geben mag, in denen wirklich von einer unendlichen Höllenstrafe die Rede sein sollte, wurde doch noch immer zu wenig bedacht, dass das hebräische Wort *olam* im Alten Testament und das entsprechende griechische Wort *aion, aionios* im Neuen Testament, das wir in der Nachfolge Luthers im Deutschen gewöhnlich mit *Ewigkeit, ewig* im Sinne einer abstrakten, unbegrenzten Zeitdauer übersetzen, in den Ursprachen der Bibel eine durchaus andere, differenziertere, vielfältige, geschichtlich gefülltere Bedeutung hat. *Olam* hat die Grundbedeutung von *fernste Zeit* im Blick auf die Vergangenheit oder Zukunft, bzw. auf beide. Die Bedeutung *ewig* wohnt dem Wort *olam* nicht als solchem inne, sie ergibt sich erst aus der Beziehung, in die sein eigentlicher Sinn durch das bestimmende

Hauptwort oder ein Verhältniswort (Präposition) gebracht wird. Der Begriff kann u.a. auch eine längere, begrenzte Zeit bedeuten, die verschieden lang sein kann, je nachdem ob es sich um geschichtliche Vorgänge oder Einrichtungen, um einzelne Menschen (z.B. 2. Mose 21, 6 oder 1. Samuel 1, 22), Völker oder die ganze Menschheit oder auch um Gott handelt.

Besonders der Begriff *aion* im Neuen Testament bedeutet neben Ewigkeit vor allem auch Zeit, Zeitraum, Lebenszeit, die graue Vorzeit, Vergangenheit, Gegenwart, Generation, Zeitalter, Weltalter, Epoche oder - wie unser entlehntes Wort - *Äon*, ja sogar Welt oder eine geistige Weltmacht. Diesen wichtigen Bedeutungsunterschied vor allem zwischen abstrakter Ewigkeit und geschichtlich gefüllter Zeit erkennt man sogar noch in der deutschen Übersetzung von Stellen, wo es heißt *'von Ewigkeit zu Ewigkeit'*, oder *'in alle Ewigkeit'*, was ja an sich keinen Sinn hat, wenn das Wort, das wir mit Ewigkeit wiedergeben, sowieso schon eine unbegrenzte Zeit bezeichnen würde.

Wenn im Blick auf Gott oder Christus wirklich die unbegrenzte Ewigkeit gemeint ist, dann begegnet gerade im Griechischen gerne die Mehrzahl von *aion*, etwa in der Fomulierung 'bis zu den Äonen der Äonen'. Epheser 2, 7 bezeugt, dass Gott *in den kommenden Zeiten* (griechisch *en tois aiosin tois eperchomenois*) den überfließenden Reichtum seiner Gnade erweisen wolle. Auch hier wäre eine Übersetzung mit *in den kommenden Ewigkeiten* unsachgemäß. In Hebräer 9, 26 ist im Blick auf die eschatologisch verstandene Gegenwart vom *Ende der Zeiten (synteleia ton aionon)* die Rede, worin der geschichtlich gefüllte und zeitlich begrenzte Aspekt des Begriffes *aion* deutlich zum Ausdruck kommt, denn ein *Ende der Ewigkeit* wäre ja ein Widerspruch in sich.

Darum ist es kein Argument für die Ewigkeit der Höllenstrafen, wenn man mit Matthäus 25, 46 darauf hinweist, dass *ewig (aionios)* dort, wenn es auf das ewige Leben bezogen ewig bedeutet, auch *ewig* bedeuten <u>muss</u>, wenn es in demselben Satz auf die Strafe bezogen wird. Man übersieht dabei, dass sich *aionios* zum einen

- auf das *unendliche Leben im Reiche Gottes* bezieht, das eben mit Gott in Christus wirklich ewig ist;

- und zum anderen auf die Strafe bzw. jenes Feuer, das wohl für uns Menschen auf unabsehbare Zeiten hinaus und insofern *aion* bestehen wird, das aber mit der Hölle und dem Tod verschwinden wird.

Strafe und Feuer sind in der Zeit entstanden und ihr Ende und ihre Vernichtung sind angekündigt (1. Korinther 15, 26) und werden kommen, nachdem der Tod - nämlich die uns von Gott trennende Sünde - durch Christi Erlösungswerk grundsätzlich bereits in einem Sieg aufgegangen ist (1. Korinther 15, 54). Die Bedeutung von *aionios* hängt also von dem Gegenstand ab, auf den es sich bezieht."

(Professors für Theologie, Till Arend Mohr, aus dem Buch *Kehret zurück ihr Menschenkinder* unter dem Kapitel *Das universale Heil als Ziel des göttlichen Heilsplans*)

***

B) Der katholische Geistliche Johannes Greber schreibt dazu:

"Man beruft sich auf die Bibel, um den Beweis für die Ewigkeit der Höllenstrafen zu erbringen. Man klammert sich an das Wort *ewig*, das in den Übersetzungen des Neues Testaments in Verbindung mit den jenseitigen Strafen gebraucht wird. Aber wie lautet das Wort, das mit *ewig* übersetzt wurde, im griechischen Urtext? Denn nicht auf die Übersetzung kommt es an, sondern auf den Sinn des Wortes, das im Urtext steht. Hier findet sich das Wort *Aeon*. Damit wird ein großer Zeitraum bezeichnet. Im griechischen bedeutet das Wort *Aeon* nicht *Ewigkeit* oder bezeichnet den Begriff des *Ewigen*. Es hat nur die Bedeutung eines Zeitraumes von bestimmter Dauer. Das Altertum, das Mittelalter, die Neuzeit ist ein *Aeon*. Nach Anschauung der Römer war ein *Aeon* ein Zeitraum von 100 Jahren.

Ein *Aeon* ist also eine Zeitdauer, deren Grenzen mal näher zusammen - mal weiter auseinanderliegen. Sogar ein Menschenalter wird manchmal mit dem Wort *Aeon* wiedergegeben. Aber niemals kann damit eine nie endende Zeitperiode ausgedrückt werden. Daher kann das Wort *Aeon* niemals mit *Ewigkeit* oder *ewig* übersetzt werden, sondern man muß dafür die Bezeichnung *Zeit* und *zeitlich* gebrauchen.

Anmerkung: Dort, wo von Strafe die Rede ist, haben die Übersetzer *immer* das Wort *ewig* gebraucht. Daran merkt man deutlich, daß die Übersetzungen unter dem Einfluß christlicher Religionen stehen, die eine ewige Höllenstrafe lehren."

(Aus: Der Verkehr mit der Geisterwelt Gottes, seine Gesetze und sein Zweck)

***

Diese Anmerkungen erheben keinen Anspruch auf die alleinige Wahrheit, sondern sollen vor allem zum eigenen und weiteren Bibelstudium anregen. Zu diesem Thema gibt es unterschiedliche Auffassungen.

***

Angemerkt sei an dieser Stelle, dass sich die kirchliche Lehrtradition mit der Verurteilung der Lehre von der Apokatastasis panton (Wiederherstellung aller Dinge, dem universalen Heil) auf der Synode von Konstantinopel 553 unter Justinian und mit der Ablehnung durch die reformatorische Augsburger Konfession von 1530 (Art. XVII) für den doppelten Ausgang der Weltgeschichte mit der Errettung der kleinen Schar Gläubiger und der ewigen Verdammnis der großen Mehrheit der Ungläubigen und Teufel *entschieden hat,* auch wenn dies so im Urtext der Bibel nicht steht. Insbesondere die Lehre vom universalen Heil als letztem Ziel des göttlichen Heilsplanes wurde damit schlicht verworfen.

Till Arend Mohr, Kehret zurück ihr Menschenkinder!

Register:

(2) Übersetzungsalternative nach Urtext, vergl. Bibelübersetzungen: Menge, aber auch Elberfelder, Neue Züricher Bibel u.a., siehe auch: Johannes Greber, Der Verkehr mit der Geisterwelt Gottes

(4) Übersetzungsalternative nach Urtext, vergl. Bibelübersetzungen: Menge, aber auch Elberfelder, Neue Züricher Bibel u.a., siehe auch: Johannes Greber, Der Verkehr mit der Geisterwelt Gottes